Alfred Fouillée

Le Caractère
et l'Intelligence

Essai

ISBN : 978-1544212579

10 9 8 7 6 5 4 3 2 1

Alfred Fouillée

Le Caractère
et l'Intelligence

Essai

Table de Matières

Introduction 6

Section I 8

Section II 15

Section III 23

Section IV 30

Section V 38

Introduction

Nous avons un caractère inné et un caractère acquis. Le premier, qui tient à notre tempérament et à notre constitution, n'est guère que notre organisme vu par le dedans. Pourquoi tel homme est-il naturellement actif, l'autre indolent ? l'un irritable, l'autre inerte ? Pourquoi la pensée du pouvoir, qui enivre un Cromwell, laisse-t-elle froid un Newton ? La dernière raison de nos sentiments naturels est la conformation générale de notre corps, jointe à la constitution particulière de ses divers organes, surtout du cerveau. *Mens agitat molem*, a dit le poète ; on lui a répondu qu'il est encore plus vrai de dire : *Mens agitatur mole*.

Le fond natif de notre caractère, se trouvant ainsi au-delà de notre conscience, ne peut être connu de nous directement. C'est pour cette raison, non pour les raisons mystiques invoquées par Schopenhauer et M. de Hartmann, que notre naturel est inconscient, qu'il est presque impossible de le déterminer, sinon par l'expérience, en se voyant agir comme on verrait agir une autre personne. Il y a des moments où, muets et immobiles, nous le regardons faire, cet autre, cet inconnu, qui est nous cependant, notre moi organique et primitif : c'est d'abord dans la surprise des émotions vives, où le temps de la réflexion ne nous est pas laissé, où la réaction est produite avant même que nous n'en soyons informés ; c'est encore dans certains moments de crise où la stupeur morale succède à des émotions trop fortes, où la volonté est comme anéantie, l'intelligence indifférente, où enfin, n'ayant plus aucun désir, nous sommes tout étonnés de nous voir agir encore : cette fois, on se regarde comme un étranger et, qui plus est, un étranger insoupçonné. Nous finissons cependant, à force de vivre, par nous faire une idée de nous-même ; mais le moi ainsi connu n'est encore, le plus souvent, qu'un moi imaginé et construit au moyen de nos souvenirs : c'est un fantôme de notre vie passée. Notre *réflexion* sur nous-même est alors, en réalité, une imagination à la recherche de nous-même. Et cette imagination, à son tour, n'est qu'une renaissance de sensations confuses et d'impressions confuses où vient se résumer notre vie passée, comme en un rêve de nous-même. Le précepte socratique : — Connais-toi, — c'est pour chacun de nous ce qu'il y a de plus

Alfred Fouillée

difficile à réaliser. La source ne peut jamais se voir elle-même tout entière aux rayons du soleil, qui seuls cependant la rendent visible ; elle ne peut apercevoir que le flot du moment qui s'écoule et ne l'épuise pas.

Les fatalistes de toutes sortes, qu'ils fussent métaphysiciens, psychologues ou physiologistes, n'ont vu que ce côté inné et obscur de notre nature, legs de nos ancêtres ; ils se sont figuré le caractère tout entier comme quelque chose de donné avec la naissance, qui n'aurait plus ensuite qu'à se développer. Pour Spinoza, le caractère est un théorème dont le milieu extérieur fait sortir les conséquences avec une nécessité mathématique. Schopenhauer, lui aussi, admet un « caractère intelligible », qu'aucune leçon de la morale ou de l'expérience ne peut modifier. Taine attribue à nos facultés maîtresses une action aussi inéluctable que les conséquences logiques d'une définition. Selon M. Ribot aussi, tout vrai caractère étant inné, les Vincent de Paul comme les Bonaparte ne font que développer dans la vie l'espèce de prédestination physiologique apportée en naissant : « Les caractères vrais ne changent pas. »

Sans méconnaître tout ce que ces théories peuvent renfermer d'exact, nous croyons qu'elles ont un tort commun : elles assimilent l'évolution des êtres intelligents à celle des mécanismes régis par l'aveugle géométrie, des organismes régis par l'aveugle physiologie. Or il y a dans le caractère humain un élément d'ordre supérieur, nouveau et original : la conscience. Dans l'étude qu'on va lire, c'est le pouvoir de réaction inhérent à l'intelligence que nous voulons surtout opposer au fatalisme décourageant de Spinoza, de Schopenhauer, de Taine et de leurs successeurs. Nous montrerons d'abord que l'intelligence ne doit pas être exclue des facteurs primordiaux du caractère ; qu'elle est au contraire un des éléments qui le distinguent le mieux du tempérament ; qu'elle doit, par conséquent, entrer en ligne de compte dans la classification des divers types. Nous rechercherons ensuite son influence sur chacun des trois principaux types de caractères : les sensitifs, les intellectuels et les volontaires.

Section I

Toutes les fatalités héréditaires de constitution et de tempérament, qu'on nous représente comme notre caractère propre, le sont-elles réellement ? — Elles constituent bien plutôt en nous la part d'autrui, car elles représentent le caractère de notre famille, de notre nation, de notre race et de notre sexe, la marque reçue par nous du dehors, non celle que nous nous imprimons à nous-mêmes. « Le caractère, a-t-on dit, c'est le moi en tant qu'il réagit. » Sans doute, mais le vrai moi c'est celui qui se connaît et connaît son action : notre vrai caractère est donc dans la prise de conscience et de direction de nos tendances naturelles. Quelque difficile que soit cette conquête de soi, elle n'est pas impossible. Rachel de Varnhagen, par exemple, le docteur Johnson, Henriette Martineau, étaient nés avec un tempérament mélancolique ; ils étaient de ces attristés qui voudraient fuir le battement incessant de la vie et dire à leur cœur : Endors-toi ! Mais, par leur intelligence et leur volonté, ils tirent une noble tentative pour triompher de leur tendance organique au découragement, et ils arrivèrent à vaincre cet ennemi caché de la paix intérieure. A la mélancolie de tempérament ils ont opposé la sérénité de caractère.

Aussi n'est-ce pas à la vie inconsciente que se réfèrent nos jugements et s'adressent nos affections. Aimons-nous une personne parce qu'elle est vive ou lente, molle ou active, forte ou faible ? Non : ce sont là des diversités de tempérament qui ne constituent pas sa vraie individualité. Les aptitudes mêmes apportées en naissant ne font que prédisposer notre affection. Ce qui l'entraîne (quand elle est de nature morale, non une simple inclination physique), c'est le véritable caractère de la personne, sa vie consciente et volontaire, la manière dont elle réagit sur sa nature par son intelligence et sa volonté. Ce n'est pas le mécanisme ou l'organisme inconscients que nous pouvons aimer, c'est l'être conscient qui pense, sent et veut, en un mot qui aime. Le vrai fond du caractère, pourrait-on dire, c'est surtout notre manière d'aimer.

On objectera qu'il est des intellectuels qui n'aiment pas grand'chose, mais qui comprennent si bien ! Ce ne seront pas des poètes, assurément, mais des penseurs parfois, ou des

Alfred Fouillée

savants. Ceux-là, nous qui passons à côté d'eux en les regardant et en les écoulant, leur donnerons-nous si peu que ce soit de notre cœur, dont ils n'ont cure ? Nous nous contenterons d'admirer leur force intellectuelle, la puissance de leur esprit tourné tout entier vers la tâche, scientifique ou autre, qu'ils ont seule comprise ; il y a une sorte d'estime froide ; , une déférence indifférente qui tient sa place, à côté des sentiments de sympathie et d'affection, dans les rapports des caractères les uns avec les autres, ou, si on aime mieux, des passants et promeneurs qui se coudoient en ce monde.

A cette objection nous répondrons qu'elle nous apporte une preuve nouvelle. Pourquoi n'aimons-nous pas les intelligences froides, tout absorbées dans la vision ou la recherche des vérités purement scientifiques ? C'est que nous n'aimons pas leur manière d'aimer. Ce qu'elles aiment — les abstractions de la science ou les faits du monde extérieur — ne saurait nous toucher autant que tout ce qui appartient au monde moral et social. Encore avons-nous tort de ne pas aimer un savant pour son amour de la science, fût-ce la plus abstraite géométrie ou mécanique, et pour son ardeur à chercher la vérité. Dis-moi ce que tu aimes, et je te dirai ce que j'aime en toi. Au fond, l'intellectuel qui semble le plus indifférent ne l'est pas : si rien ne l'intéressait, il ne comprendrait rien.

Dans une étude sur les caractères qui a paru des plus approfondies,[1] M. Ribot nous dit que ce qui est fondamental en nous, ce sont les tendances, impulsions, désirs, sentiments, « tout cela et rien que cela. » — Soit, mais les tendances, impulsions, désirs et sentiments supposent des objets auxquels ils s'appliquent et qui ne peuvent être connus que par l'intelligence. Nos impulsions aveugles et nos goûts instinctifs tiennent à notre tempérament ; nos amours, à notre caractère.

— Mais, objecte encore le savant et pénétrant psychologue, le caractère exprime l'individu dans ce qu'il a de plus intime : il ne peut donc se composer que d'éléments essentiellement subjectifs ; et ce n'est pas dans l'intelligence qu'il faut les chercher, puisque son évolution ascendante des sensations aux perceptions, aux images, aux concepts, tend de plus en plus vers l'impersonnel. — Qu'importe que l'intelligence se représente de plus en plus à elle-même l'impersonnel, si cette représentation est toujours un

1 *Revue philosophique*, 1893.

acte personnel, si même elle est une élévation à un degré toujours plus haut d'une force éminemment personnelle ? L'homme est, par nature, un être fait pour monter : sa perfectibilité intellectuelle, avec le pouvoir qu'il a de s'universaliser et d'aimer l'universel, est précisément un de ses traits les plus caractéristiques. Un Laplace cesse-t-il d'être La place parce qu'il se représente dans leur ensemble les mouvements du monde entier ?

En outre, on oublie trop que l'intelligence n'est pas seulement une faculté tout extérieure : ce qui en fait le fond, c'est la conscience, et la conscience est tournée vers le dedans, non plus vers le dehors. Prendre conscience de sa constitution et de son tempérament, c'est déjà les transformer en « caractère », puisque cette conscience est une réduction à l'unité du *moi* de toutes les tendances et impulsions éparses dans l'organisme. Concevoir son moi, c'est déjà le poser et l'affirmer en face du dehors, c'est, du même coup, su « caractériser » soi-même. Enfin, on raisonne toujours dans la vieille hypothèse de la conscience-éclairage, des idées-reflets, et on s'imagine que la réflexion sur soi n'est qu'une lumière surajoutée, sans efficace et sans conséquence pratique. — Auparavant, dit-on, l'organisme ne se voyait pas fonctionner ; maintenant il se voit, et c'est tout. — Théorie inexacte, fondée sur une comparaison contestable. Pour l'être qui dit moi, la conscience devient aussitôt un facteur de sa propre évolution : dire *moi*, ce n'est pas simplement « constater », c'est commencer à réagir, c'est se faire centre d'attraction, c'est imprimer une unité de direction à ce qui était d'abord épars et sans lien intime ; c'est poser sa personnalité et, dans une inévitable antithèse, poser la personnalité des autres ; c'est, mystère inexplicable, par un seul et même acte, entrer en soi et sortir de soi. puisque la pensée ne peut se connaître sans connaître autre chose, ni connaître autre chose sans se connaître elle-même. Si donc vous faites abstraction de la pensée et de la conscience quand il s'agit de l'homme, vous mettez de côté la marque propre de l'homme et du caractère humain.

Selon M. Ribot, du nombre des vrais caractères il faut exclure les naturels sans forme fixe, les hommes « amorphes » et « instables » : leur « plasticité » indique l'absence même de caractère. — Il y a, répondrons-nous, au-dessus des naturels passifs qui prennent indifféremment toutes formes, des naturels actifs dont la

Alfred Fouillée

perfectibilité n'indique nullement une « absence de caractère ». C'est que, chez eux, la plasticité vient surtout de l'intelligence, qui est faite pour se perfectionner sans cesse. On n'est point amorphe et sans forme propre parce qu'on a le pouvoir de se donner à soi-même des formes toujours supérieures. On n'est point « instable » parce qu'on a assez d'énergie et de vitalité intellectuelle pour s'élever sans cesse à de nouveaux horizons : celui qui gravit les plus hautes montagnes ne prouve pas par là qu'il n'ait ni bon pied ni bon œil. S'il est vrai qu'il existe des intelligences passives qui ne sont que des miroirs, il en existe aussi d'activés, qui sont des foyers de lumière.

En vain donc on nous répétera que le vrai caractère est tout inné ; si précisément, parmi ce qui est inné, se trouve la force intellectuelle nécessaire pour s'élever toujours au-dessus de soi, pour arriver à vivre de la vie des autres et à les faire vivre de sa vie, il en résultera que le caractère acquis, quand il l'a été par l'individu même, quand il est le produit de sa propre conscience, mérite excellemment de s'appeler son caractère. Notre vraie nature n'est pas « invariable et tout d'une pièce ». Le psychologue n'a point affaire à des animaux esclaves de leur immuable instinct, mais à des hommes pourvus d'une conscience toujours en mouvement et en progrès.

Pour opposer l'intelligence au caractère, on a invoqué encore ce fait que le développement de l'une entraîne souvent l'atrophie de l'autre, ce qui, dit M. Ribot, établit clairement « leur indépendance ». Mais ne nous laissons pas abuser par ce mot de caractère, qui tantôt désigne l'énergie particulière de la volonté, tantôt la marque générale de l'individu, quelle qu'elle soit. Un homme intelligent, ou encore un homme sensitif, qui n'a pas de caractère, n'en a pas moins un caractère. Une volonté faible, jointe à une intelligence puissante ou à une sensibilité intense, est typique comme une volonté forte. M. Ribot cite Kant, Newton, Gauss, qui, confinés dans la spéculation pure, réduisaient leur vie à une routine monotone, d'où l'émotion, la passion, l'imprévu dans l'action, étaient exclus autant que possible ; mais en quoi est-il indispensable, pour avoir un caractère, d'être agité, passionné, d'agir contre toute prévision ? Parce que Kant faisait chaque jour à la même heure sa promenade sous les arbres de Kœnigsberg, manquait-il de sensibilité, lui qui, en apprenant, la Révolution française, s'écriait, les larmes aux yeux : « Je puis dire maintenant comme Siméon : *Nunc dimittis servum tuum, Domine* ? » Manquait-il de volonté, lui qui passa sa vie à chercher les fondements de la plus haute morale et qui jamais, ni dans les grandes choses, ni dans les petites, ne s'écarta des règles qu'il s'était imposées ? Lui qui, par exemple, unissant au plus profond sens religieux le mépris de toute superstition étroite, et estimant que chaque homme doit être à lui-même son législateur, son juge, son prêtre, ne franchit jamais une seule fois, dans les cérémonies solennelles, la porte du temple où entraient processionnellement ses collègues de l'Université.

Il y a sans doute une direction de l'intelligence qui, sous certaines conditions, peut atrophier en partie le caractère ; c'est celle qui nous absorbe dans les objets extérieurs et nous distrait pour ainsi dire de nous-mêmes ; mais il y a aussi une direction de l'intelligence (et c'est la vraie) qui fortifie, qui même produit le caractère : c'est la réflexion de la conscience, c'est l'intelligence intérieure, première condition de toute moralité.

Pour pénétrer plus avant dans cette importante question des éléments primordiaux du caractère, il faut examiner s'il est vrai que l'intelligence ne soit qu'une faculté adventice et surajoutée. A la physiologie et à la psychologie de répondre. Or, au point de vue de ces deux sciences, la théorie de Schopenhauer et de M. Ribot nous semble inexacte. Pour la physiologie, les « fonctions de relation » sont caractéristiques et même dominatrices : on ne peut donc exclure des facteurs primitifs du caractère ; la fonction intellectuelle, qui nous met en relation avec le monde extérieur et même intérieur. Quand il s'agit de l'homme surtout, la physiologie ne saurait faire abstraction de ce qui constitue avant tout l'homme même, à savoir la supériorité du cerveau ; or, si le tempérament est surtout lié à la structure et au fonctionnement général du système nerveux, le caractère proprement dit est lié surtout à la structure et au fonctionnement du cerveau, organe de l'intelligence.

Passons ma in tenant au point de vue psychologique ; nous reconnaîtrons que, même à son état le plus élémentaire, la fonction mentale enveloppe déjà un élément intellectuel, — à savoir la sensation proprement dite, abstraction faite du « ton » agréable ou pénible qui en est inséparable. Dans toute sensation, en effet, il n'y a pas seulement plaisir ou peine, il y a le *discernement* spontané d'un changement intérieur ayant sa qualité propre, sa nuance parti

Alfred Fouillée

culière ; voir n'est pas entendre ni toucher, et cela, indépendamment du plaisir ou de la peine que peuvent causer les sensations du tact, de l'ouïe ou de la vue. Même dans le domaine de la jouissance ou de la souffrance, encore faut-il que l'être discerne l'une de l'autre pour pouvoir *préférer* l'une à l'autre. Toute préférence enveloppe donc un discernement, de même que tout discernement aboutit à une p référence ; et si la préférence est le germe de la volonté, le discernement est le germe de l'intelligence. Il est très vrai qu'à l'origine c'est le côté affectif, plaisir ou peine, qui remporte dans la sensation. Si une amibe éprouve un changement de température, il est probable qu'elle en jouit ou souffre : de même si elle subit une pression extérieure ; de même encore si ses fluides internes lui apportent une nourriture suffisante ou insuffisante. Mais les psychologues se sont demandé avec raison si l'amibe elle-même ne discernait pas la pression extérieure de la nutrition intérieure, ou encore le chaud du froid. En tous cas, elle a des préférences visibles pour telle température, tel fluide nutritif, telle pression ; et ces préférences ne vont pas sans un discernement de différences qualitatives. Or ce discernement est déjà de la *sensation*, non pas seulement une affection agréable ou pénible. Ainsi, chez l'amibe elle-même, il y a un élément d'intelligence fondamental et non surajouté.

Outre le discernement des qualités, on trouve encore, même chez les êtres très primitifs, le discernement de cette relation essentielle qui est l'opposition entre l'intérieur et l'extérieur. Rappelons que le rhizopode ne retire pas son pseudopode si c'est un autre pseudopode de la même colonie qui le touche, mais il le retire aussitôt si c'est un pseudopode étranger. Voilà déjà la distinction vague du dehors et du dedans. Placez une actinie au milieu du jet bouillonnant qui alimente le bec d'un aquarium : elle s'accoutumera vite à être rudement frappée par le courant et y déploiera en paix ses tentacules ; mais si vous la touchez, même délicatement, avec une baguette, elle les retirera aussitôt : elle distingue donc parfaitement le contact du liquide et le contact léger d'un solide, surtout d'un solide étranger à son milieu. M. Romanes[1] a eu raison de dire que c'est là le premier et obscur rudiment de l'intelligence, que le raisonnement le plus élevé est encore un discernement,

1 *L'Évolution mentale chez les animaux*, Alcan, 1890.

accompagné d'un choix parallèle, entre des excitations devenues très délicates.

L'intelligence a donc été présente aussitôt qu'il y a eu des rapports vitaux plus ou moins conscients, et elle s'est compliquée dans une proportion exactement correspondante à la complexité de ces rapports vitaux révélés par la sensation. A mesure qu'on monte les degrés de l'échelle, la vie de relation augmente, et avec elle l'intelligence, qui devient de plus en plus consciente de soi. Au reste, comment n'en serait-il pas ainsi ? Point d'animal qui puisse vivre ailleurs que dans un milieu qu'il s'efforce d'adapter à ses besoins, et parmi d'autres animaux qui lui sont utiles ou nuisibles. De là. pour lui, l'absolue nécessité de sensations *instructives* et non pas seulement *affectives* ; de là aussi la nécessité d'inductions plus ou moins rudimentaires, en un mot d'un discernement qui, peu à peu, deviendra raisonnement. La théorie des psychologues qui considèrent l'intelligence comme superficielle est donc superficielle elle-même. Que Schopenhauer nous répète : « C'est la volonté qui fait le fond de l'être ; l'intelligence en est la partie tournée vers le dehors, vers les objets, et non pas vers le sujet », il aura raison jusque-là ; mais qu'il est difficile d'exprimer une vérité sans faire un tort apparent à quelque autre vérité ! Nous en avons un exemple dans les diatribes de Schopenhauer contre l'intelligence. Que serait la volonté même sans la « représentation » ? qu'aurait-elle à vouloir de déterminé si elle était toute renfermée en soi au lieu de s'appliquer à tel ou tel objet ? On ne peut vouloir à vide ; on ne peut agir sans discerner plus ou moins nettement le terme de son action, sans prendre un point d'appui dans ce monde des objets qui est proprement le monde de l'intelligence.

Le darwinisme nous en apporte une dernière preuve. Dans la « lutte pour la vie », l'intelligence est apparue comme une condition de supériorité : aussi la voyons-nous se développer de plus en plus. Inutile, elle fût restée embryonnaire. Comment donc négliger, parmi les caractéristiques d'un être, le degré, la forme, la direction dominante de son intelligence, c'est-à-dire du pouvoir qu'il a de s'adapter sciemment au milieu ou de l'adapter à lui-même ? M. Ribot reproche aux philosophes (et plusieurs l'ont mérité) leurs incurables « préjugés intellectualistes », c'est-à-dire « leur effort à tout ramener à l'intelligence, à tout expliquer par elle, à la poser

Alfred Fouillée

comme le type irréductible de la vie mentale ». Certes, il ne faut pas tout réduire à l'intelligence, même le plaisir et la douleur, même le besoin et l'appétit ; mais, d'autre part, ne réduisons pas l'intelligence elle-même à ce qui n'est point elle ; ne la supprimons pas, comme dérivée et secondaire, parmi les facteurs du caractère humain, alors qu'elle est le ressort essentiel de l'évolution humaine. M. Ribot a beau dire que la vie végétative précède la vie animale. « qui s'appuie sur elle » ; que la vie affective précède la vie intellectuelle, « qui s'appuie sur elle, » le physiologiste définira-t-il pour cela l'animal par ses fonctions uniquement végétatives ? et le psychologue doit-il caractériser les individus par leurs fonctions uniquement affectives ? Dans l'arbre, c'est la fleur qui s'épanouit en dernier lieu aux extrémités et aux sommets ; elle n'en condense pas moins en elle-même la puissances de la vie. De même, la conscience est la fleur où toute la sève intérieure vient se concentrer, où l'être humain est en raccourci, et cependant en sa plénitude.

Section II

Ce sont, à notre avis, les manifestations les plus fondamentales de la vie consciente, avec leurs rapports de dépendance et de subordination, avec leurs lois essentielles d'harmonie et leurs lois secondaires d'opposition, qui doivent servir de base à une classification naturelle des caractères. M. Ribot, lui, n'admettant que deux fonctions psychiques essentielles, sentir et agir, n'admet que des *sensitifs* et des *actifs*, auxquels il ajoute les *apathiques*, c'est-à-dire ceux dont la sensibilité et l'activité sont au-dessous du niveau moyen. Comme on le voit, les grands « genres » de caractère sont constitués, pour M. Ribot, indépendamment de l'intelligence. Sa division n'est admissible que pour les tempéraments, non pour les caractères. Puisque nous avons rétabli la primordialité de l'intelligence, nous arrivons logiquement à distinguer trois grands genres : le sensitif, l'intellectuel et le volontaire. Chacun de nous, dit Platon, est composé d'une hydre, d'un lion et d'un homme : l'hydre aux cent têtes, c'est la passion ; le lion, c'est la volonté : l'homme, c'est l'intelligence. On peut ajouter que notre forme morale change selon que l'un de ces trois éléments prédomine. Occupons-nous d'abord des sensitifs, qui sont plus près de la nature et de la vie animale. Nous montrerons la part considérable des facultés intellectuelles dans le caractère sensitif lui-même.

Au point de vue physiologique, les sensitifs sont ceux dont le système nerveux, et surtout cérébral, est primitivement constitué de manière à vibrer, à « jouer » presque tout seul, avec une intensité souvent disproportionnée aux excitations extérieures. De même qu'il y a des répugnances pour certains aliments qui ne peuvent s'expliquer par l'état général de l'organisme, de même qu'il y a des douleurs nerveuses sans proportion avec le désordre de l'organe même qui y correspond,[1] ainsi il y a des systèmes nerveux et des cerveaux qui s'émeuvent pour la moindre cause, et dont les retentissements dépassent la mesure ordinaire.

M. Ribot regarde comme incontestable que « les sensations internes, organiques, de la vie végétative, sont la source principale du développement affectif », par conséquent la vraie base du caractère sensible. Par là, il nous semble encore faire trop bon marché du cerveau, organe dominateur, de son autonomie, et du pouvoir qu'il a de vibrer indépendamment des viscères. C'est la réaction *cérébrale*, et non viscérale, qui constitue précisément la plus haute sensibilité ; et celle-ci ne se développe qu'avec l'intelligence. Chez l'enfant, dont les idées sont encore si peu nombreuses et si peu larges, plaisirs et peines sont accompagnés de véritables tempêtes intérieures ; d'un organe à l'autre, tout fait avalanche : de là les cris, les pleurs. les gestes, les mou venions de la physionomie, le visible envahissement de tout l'organisme ; son chant de triomphe dans la joie, son cri de détresse dans la peine. Mais l'orage viscéral et même nerveux n'est pas l'unique mesure du sentiment ; les douleurs qui font le plus de fracas ne sont pas les plus profondes. C'est dans le cerveau que celles-ci exercent surtout leur action destructive, qui finit par user sympathiquement l'organisme entier.

Aussi importe-t-il de considérer la sensibilité dans ses rapports avec l'intelligence. Ce ne sont pas les sensations brutes, mais les sentiments qui dirigent l'homme, et tout sentiment enveloppe une représentation intellectuelle, image ou idée. L'imagination d'une part, cette première forme de l'intelligence encore voisine de la sensation, et la pensée réfléchie, d'autre part, exercent une

1 Voir à ce sujet les remarques de M. Rauh dans la *Revue de métaphysique et de monde*, 1893.

Alfred Fouillée

influence considérable sur la sensibilité. L'imagination est une des principales conditions du caractère vraiment sensitif. Supposez une vive impressionnabilité nerveuse et viscérale, mais une imagination obtuse, conséquemment une mémoire lente et faible : la sensibilité ne pourra plus s'exercer qu'en présence des objets : une fois ceux-ci disparus du champ de la représentation intellectuelle, tout retombera dans l'ombre et l'indifférence. Un historien de Burke a dit de lui : « Ses passions étaient vives, ce qu'il faut attribuer en grande partie à l'intensité de son imagination. » Bain, là-dessus, se récrie : il soutient que « l'imagination est le résultat des sentiments, non les sentiments celui de l'imagination. » Selon nous, il y a ici effet réciproque, mais l'imagination est absolument nécessaire, comme on l'a vu, pour changer la sensibilité purement nerveuse en sensibilité cérébrale. Les passions n'ont de durée que si on continue de s'en représenter vivement les objets, ce qui suppose une certaine ténacité de la mémoire imaginative. Dugald-Stewart, en ce sens, est allé jusqu'à dire, parlant de la lâcheté : « C'est une maladie de l'imagination. » Au moins peut-on soutenir qu'une vive imagination est nécessaire pour se représenter avec force ; et soudaineté toutes sortes de maux comme s'ils étaient présens ; si, de plus, la volonté est faible, on aura pour résultante la lâcheté.

On sait que l'étude des aphasies, au lieu de s'en tenir à des lois générales sur les troubles du langage, a déterminé certains types particuliers d'imagination, tels que le type auditif, le type visuel, le type moteur, qui emploient pour le langage intérieur des images différentes. M. Pierre Janet a même fait un ingénieux emploi de cette découverte pour l'explication des mémoires alternantes dans le somnambulisme : il a supposé que les sujets passaient d'un type à l'autre et perdaient ainsi ou retrouvaient des systèmes entiers d'images ou souvenirs. Ce qui est certain, c'est que la prédominance de tel mode d'imagination aboutit, par elle-même, à des traits typiques non seulement d'intelligence, mais de sensibilité ; et, plus généralement, de caractère.

Un malade de Charcot, qui avait une excellente mémoire visuelle, la perdit tout d'un coup, et pour les formes et pour les couleurs. Il dut y suppléer par d'autres images, principalement auditives : il entendait les mois résonner comme un écho. Du même coup, sa sensibilité, son caractère tout entier changea. « J'étais auparavant impressionnable, facile à l'enthousiasme, je possédais une riche imagination ; maintenant je suis tranquille et froid, mon imagination n'emporte plus mes pensées, Je suis bien moins susceptible de joie ou de tristesse. » Quand il perdit sa mère, qu'il aimait beaucoup, il n'éprouva pas le chagrin qu'il eût jadis éprouvé, parce qu'il ne pouvait plus voir, par les yeux, de l'esprit, ni la physionomie de sa mère, ni les diverses phases de ses souffrances ; de plus, il ne pouvait assister en imagination aux douloureux effets de cette mort prématurée sur les autres membres de la famille. Ainsi la perte d'une très notable partie de l'imagination, de la plus vivante et de la plus intellectuelle, celle qui fait entrer le monde réel par nos yeux dans notre pensée, avait entraîné la perle d'une notable partie de la sensibilité.

Jusque dans ses régions devenues inconscientes, l'intelligence, avec ses idées et souvenirs, ne cesse pas d'agir encore sur la sensibilité. Toutes les personnes, tous les objets, avec lesquels nous avons été mis en relation par cette faculté qui nous fait sortir de nous-même, laissent en nous des traces : pour échapper à notre regard intérieur, elles n'en subsistent pas moins. Nous avons une mémoire inconsciente qui renferme à l'état latent tout le monde et qui, alors même que nous n'y pensons pas, exerce ; son action sur nos sentiments, sur nos volontés. Les grands chagrins projettent leur ombre sur la vie entière. On ne songe pas sans cesse aux êtres chers qu'on a perdus, et cependant ces absents sont toujours présents au fond de nos cœurs. Un vide immense ; s'est fait en nous comme autour de nous, une sorte de crépuscule a remplacé la pleine lumière ; dans le concert de notre cœur des voix se sont tues, des voix que nous étions habitués à entendre ; et dans ce grand silence, comme en un rêve, elles nous parlent encore : nous les entendons sans le savoir, et parfois nous leur obéissons sans nous en douter.

« Ce n'est pas l'art de la mémoire, disait Thémistocle, c'est l'art de l'oubli qui me serait précieux. » Certes, pour goûter un bonheur égoïste, sans regrets comme sans craintes, il faudrait faire disparaître, faire mourir tout notre passé. Mais les souvenirs qui s'amassent en nous sont la condition même et de nos pensées et de nos sentiments ; en perdant le souvenir, nous perdrions, avec l'intelligence, cette sensibilité plus élevée et plus délicate qui fait

Alfred Fouillée

notre supériorité sur l'animal. Mieux vaut se proposer un idéal contraire : ne rien oublier, ou du moins n'oublier personne, ne rien laisser s'effacer ni dans sa pensée ni dans son cœur ; et souffrir, s'il le faut, en se disant que c'est la condition de notre rang, de notre dignité parmi les êtres.

D'après ce qui précède, le grand « genre » des sensitifs doit se subdiviser en trois « espèces ». Une fois mis à part, au nombre des « équilibrés, » les sensitifs doués de beaucoup d'intelligence et de beaucoup de volonté, il nous restera trois groupes : 1° les sensitifs ayant peu d'intelligence et peu de volonté ; 2° les sensitifs ayant de l'énergie volontaire, mais peu d'intelligence ; 3° les sensitifs ayant peu de volonté, mais beaucoup d'intelligence. Dans le premier groupe, la sensibilité nerveuse est presque seule en évidence : elle prédomine aux dépens de tout le reste. Nous nous rapprochons du type de l'enfant et même du type de l'animal. Le cerveau étant peu développé, les émotions restent plus viscérales que cérébrales. C'est ce qui fait que ces caractères méritent par excellence le nom d' « émotifs », car l'émotion est, selon la remarque ! de Bichat, en grande partie produite par les contre-coups du plaisir ou de la douleur dans les viscères. Le « trouble de l'âme », *peturbatio animi*, est ici le reflet du trouble organique.

Chez ces caractères dont la sensibilité n'est pas développée par l'intelligence, les souvenirs demeurent simples, peu nombreux, voisins des sensations et des émotions organiques. De là dérivent d'importantes conséquences. En effet, les sentiments simples, qui résultent, de l'excitation du cerveau en un seul endroit très limité, tendent à produire aussitôt tous leurs effets sans exciter d'autres sentiments ; ils agissent donc comme isolés, sans le contre poids d'idées et de sentiments simultanément excités par voie d'association. Il en résulte le genre de caractère qu'on nomme impulsif et qui appartient aux émotionnels peu intellectuels. Chez eux, la passion du moment est tout : elle se manifeste exclusivement, avec soudaineté et avec violence, sans opposition de la part des autres sentiments, ni des idées auxquelles ils sont liés. C'est une décharge qui se rapproche de l'action réflexe, ou, comme dit Spencer, une conclusion soudaine exécutée sans retour possible. En outre, la décharge nerveuse étant ainsi immédiate et complète, il en résulte un épuisement rapide. Si donc une nouvelle passion vient à naître ; chez les hommes de ce genre, elle agira à son tour comme si elle était seule. De là l'inconstance et l'imprévu des démarches chez les émotifs sans intelligence ni volonté. La seule manière dont ils puissent acquérir quelque unité dans le caractère, c'est la prédominance exclusive d'une passion déterminée. Ils sont donc tantôt mobiles et incohérents, tantôt immobilisés et unifiés artificiellement par une sorte d'absorption intérieure de suggestion constante et maladive, qui rapproche leur passion dominante de la monomanie.

Quant au second groupe de sensitifs, — ceux qui, tout en ayant encore peu d'intelligence, ont assez d'énergie volontaire, — ils vaudront ce que vaudront le petit nombre de sentiments simples et peu réfléchis qui mettront en jeu leur volonté. Ces caractères peuvent être fort dangereux, s'ils ont à la fois la brutalité des émotions et la brutalité de l'énergie à leur service. Beaucoup de criminels rentrent dans ce type, qui a pour dominante la violence.

Au contraire, joignez à la sensibilité l'intelligence, même avec une volonté médiocrement énergique, et vous verrez déjà le tempérament se rapprocher du caractère. A mesure que, sous l'influence des idées, la sensibilité se développera et s'enrichira, les sentiments deviendront de plus en plus complexes et mieux associés à d'autres sentiments. Qu'est-ce, par exemple, qu'une émotion esthétique ou morale ? Une savante combinaison de sentiments plus simples, tout un monde de perceptions en raccourci, où viennent se résumer des souvenirs et des inductions sans nombre. Par cela même, les points de contact restent multiples dans le cerveau avec d'autres sentiments plus ou moins voisins. De là des liaisons possibles qui, de proche en proche, s'étendent à des masses entières d'idées. La vibration communiquée se propageant ainsi dans tout, le cerveau, le surplus passe seul dans les viscères. Il y aura donc ici beaucoup moins de place à ce que Spencer appelle fort bien « les conflagrations soudaines de l'émotion ». Le réveil spontané d'une ou de plusieurs idées contraires à la passion présente retardera, dans la plupart des cas, ou en corrigera les manifestations extérieures. Au lieu d'émotionnels impulsifs, nous aurons des sensitifs réfléchis et intellectuels.

Il est vrai que le type impulsif peut se trouver aussi chez des hommes de grande intelligence, comme Benvenuto Cellini ou

Alfred Fouillée

Berlioz. C'est que, chez eux, une grande émotivité viscérale et cérébrale s'allie à une intelligence également développée, surtout à une vive imagination. Sous l'empire de la passion du moment, ils retombent au rang des sensitifs incapables de se contraindre. Amoureux de miss Smithson, « je ne composais plus, écrit Berlioz, mon intelligence semblait diminuer autant que ma sensibilité s'accroître, Je ne faisais absolument rien... que souffrir. » La passion artistique avait chez Berlioz une telle violence, qu'elle envahissait non seulement tout le cerveau, mais le corps entier. Conduisant l'orchestre pour l'exécution de son tableau du Jugement dernier, le terrible *clangor tubarum* lui communiqua un tremblement convulsif. qui le contraignit de s'asseoir et de laisser reposer son orchestre pendant quelques minutes : « Je ne pouvais me tenir debout, et je craignais que le bâton ne s'échappât de mes mains... »

Sous le nom de types où prédomine « l'association par contraste », M. Paulhan décrit, non sans finesse, les caractères chez qui la lutte des tendances n'aboutit pas à l'harmonie, ces hommes toujours « occupés à défaire ce qu'ils ont fait ou ce qu'ont fait les autres, et à vouloir essayer autre chose que ce qu'ils font ».[1] Il est des gens chez qui une idée ne peut naître, chez qui un désir ne peut surgir sans qu'une idée opposée, sans qu'un désir contraire viennent arrêter leur développement. Ce n'est plus de la réflexion et de l'examen, « c'est une lutte continuelle avec prépondérance alternative de deux tendances ou de deux groupes de tendances [2] ». L'observation est juste, mais nous ne saurions voir là une « association par contraste ». Il semble que la vraie raison des caractères inquiets, capricieux, mobiles, contrariants, protéiformes (si fréquents parmi les sensitifs, même intelligents), c'est que leur système cérébral et nerveux, toujours en agitation, mais épuisé sur un point par la passion du moment, se met à vibrer sur un autre point non épuisé encore ; si bien qu'ils sont ballottés d'un contraire à l'autre. M. Paulhan a marqué lui-même chez Flaubert la disposition au contraste et même à « l'inversion psychique », chose fréquente chez les nerveux et les sensibles, en qui un sentiment est assez vite remplacé par un sentiment contraire, et qui, alors même qu'ils

---

1 F. Paulhan, *Les Caractères*. Alcan, 1894.

2 En général, les « lois de l'association », sur lesquelles M. Paulhan fonde sa classification des caractères, nous paraissent extérieures et superficielles.

Section II

résistent à ce dernier, ne peuvent s'empêcher d'en être obsédés. De là, chez Flaubert, la fascination de ce qu'il hait le plus, la bêtise et la laideur morale ; de là le goût du bas, du vicieux et même de l'horrible. « Je suis né avec un tas de vices qui n'ont jamais mis le nez à la fenêtre, j'aime le vin, je ne bois pas. Je suis joueur et n'ai jamais touché une carte. La débauche me plaît et je vis comme un moine. » Bouilhet lui disait souvent : « Il n'y a pas d'homme plus moral, ni qui aime l'immoralité plus que toi. Une sottise te réjouit. »

Chez Musset, nature moins forte que Flaubert, les contrastes et les métamorphoses de la passion deviennent chroniques. « Un quart d'heure après l'avoir insultée, dit Musset, j'étais à ses genoux ; dès que je n'accusais plus, je demandais pardon ; dès que je ne raillais plus, je pleurais. » — « Il obéissait, dit George Sand, à cet inexorable besoin que certains adolescents éprouvent de tuer ou de détruire ce qui leur plaît jusqu'à la passion… L'on eût dit que deux âmes, s'étant disputé le soin d'animer son corps, se livraient une lutte acharnée pour se chasser l'une l'autre. Au milieu de ces souffles contraires, l'infortuné perdait son libre arbitre et tombait épuisé chaque jour par la victoire de l'ange et du démon qui se l'arrachaient. » Il s'endormait le cœur plein de tendresse, il s'éveillait l'esprit avide de combat et de meurtre ; et réciproquement, s'il était parti la veille en maudissant, il accourait le lendemain pour bénir. « Comment se fait-il, dit Musset, qu'il y ait ainsi en nous je ne sais quoi qui aime le malheur ? »

On le voit, quand le sensitif intellectuel n'a point assez d'énergie volontaire, et que de plus son intelligence est surtout imaginative, il peut offrir, selon la nature de ses idées et de ses sentiments, des variétés nombreuses ; mais, quoique vivant d'une vie plus complète et plus raffinée que le sensitif intellectuel, il reste encore ou mobile au gré d'idées et de passions changeantes, ou dominé par une passion unique. Encore celle-ci est-elle obligée de se manifester elle-même par des alternatives, pour ne pas user d'un coup tout le système nerveux.

Alfred Fouillée

Section III

L'intelligence peut être considérée en elle-même ou dans ses objets. Dans sa nature intrinsèque et dans son fonctionnement, elle est prompte ou lente, forte ou faible, tenace ou fugitive. Mais ces qualités ou défauts tiennent surtout au tempérament et à la constitution cérébrale, qui comporte plus ou moins de rapidité, d'intensité et de durée dans les impressions et les réactions. Par l'exercice, l'intelligence peut acquérir un fonctionnement plus rapide, plus énergique et plus durable, mais seulement entre certaines limites, qui tiennent encore à la constitution même du cerveau. Du côté des objets, au contraire, l'intelligence offre une perfectibilité que n'ont point, par elles-mêmes, les autres fonctions de l'esprit et qu'elles sont obligées de lui emprunter. Ce grand fait, — le trait humain par excellence, — tient à ce que l'évolution intellectuelle consiste surtout en un établissement de relations nouvelles entre les objets, toute idée n'étant qu'un ensemble de relations aperçues d'un seul regard. Celles-ci, à leur tour, supposent que des communications nouvelles ont été frayées entre les cellules cérébrales, que des trajets nouveaux ont mis en rapport des parties autrefois séparées. Les cellules cérébrales atteignent environ, d'après Meynert, le chiffre de six cents millions, et les libres plusieurs milliards ; d'après Beale et d'autres, il faut admettre des nombres bien plus grands encore. Selon les uns, chaque cellule est capable de plusieurs impressions coexistantes ; selon d'autres, d'une seule polarisation, qui sert de base à l'habitude et au souvenir. Ce qui est certain, c'est que chacune peut entrer avec les autres dans les combinaisons les plus nombreuses et les plus variées, comme les lettres de l'alphabet ou les notes d'un piano. S'il y a cent touches et qu'elles soient frappées deux par deux, vous avez déjà quatre mille neuf cent cinquante combinaisons possibles ; frappez trois touches à la fois, les combinaisons atteindront le nombre de cent soixante et un mille sept cents ; cinq touches ensemble donneront 75 287 520 combinaisons. Si on va jusqu'aux ensembles de 50 notes, le total demanderait 30 chiffres, c'est-à-dire des milliards de milliards. Il faut remarquer en outre que le piano, après qu'on en a joué, reste le même, tandis que le cerveau a été modifié. On voit par là ce que l'expérience et le raisonnement peuvent produire, dans quelles combinaisons nouvelles ils peuvent faire entrer les élémens de l'esprit et du caractère même.

L'exercice de l'intelligence constitue, pour ceux dont le cerveau y est prédisposé, une satisfaction telle que la tendance à penser devient en eux prédominante. Le désir de connaître, lui aussi, devient une passion. Notre activité n'est pas tout entière extérieure : comme il y a des gens avides d'exercices physiques, il y en a d'autres avides d'exercices intellectuels. « J'aimais à aimer, » disait saint Augustin ; d'autres aiment à agir, d'autres aiment à penser. Ce sont les intellectuels.

Pour exclure les intellectuels du nombre des caractères primordiaux, on a fait observer que l'intelligence n'a qu'un développement tardif. Mais, outre qu'elle est présente dès le début de révolution humaine, qu'importe que sa domination exige du temps pour s'établir ? Cette domination est préparée en tout cerveau fait pour comprendre et pour trouver son plaisir à comprendre. Un Victor Hugo a beau ne pas faire des vers dès le berceau, il n'en est pas moins né poète. Il y a des tendances essentielles à la perpétuité de l'espèce qui ne se manifestent pas immédiatement et qui n'en sont pas moins « caractéristiques. » A vrai dire, chez les intellectuels, l'intelligence montre dès le début sa vitalité et sa force. Elle concourt avec la sensibilité même pour former peu à peu le caractère et pour l'orienter finalement vers l'intellection. S'il y a des esprits chez qui les idées n'ont presque pas de prise, il y en a d'autres qui trouvent tout d'abord dans les idées une suprême jouissance. Un Descartes, un Pascal se montrera, dès l'enfance et l'adolescence, amoureux de toutes les choses de la pensée ; chez ceux-là, on peut bien dire que l'intelligence est une faculté maîtresse. « A quoi sert le monde ? » disait Ampère. « A donner des pensées aux esprits. » Voilà l'intellectuel et sa vision de l'univers. Ce même Ampère, peu de temps avant sa mort, discutait philosophie avec un de ses amis, et comme ce dernier lui conseillait de ménager ses forces et sa santé : « Ma santé ! s'écria-t-il, il s'agit bien de ma santé ! Il ne doit être question entre nous que de ce qui est éternel. »

Les intellectuels exclusifs, d'ailleurs rares, qui naissent avec un cerveau extraordinairement développé dans les centres affectés à l'intelligence, réalisent ces *monstra per excessum* dont parle Schopenhauer. L'excès même du développement cérébral en un

Alfred Fouillée

sens s'accompagne chez eux d'une sorte d'atrophie dans les autres sens. Il peut aussi coïncider avec un tempérament lymphatique et apathique, comme chez Cuvier ou Cibbon. Mais cette apathie n'est pas toujours, comme semble le croire M. Ribot, la condition du vrai type intellectuel. En d'autres termes, un intellectuel n'est pas nécessairement un insensible : nombreux sont les exemples de grandes intelligences unies à de grands cœurs. Et c'est pourquoi nous admettons comme second groupe l'union d'une intelligence développée avec une sensibilité vive. Chez ceux-là. les idées ne restent pas froides et uniquement lumineuses : elles ont toutes chaleur et vie interne. « La lumière qui éclaire les autres hommes me brûle, » disait Proudhon. Pascal eût pu en dire autant. N'était-il pas à la fois un raisonneur et un passionné ? Ne portait-il pas sa flamme et sa fougue jusque dans la géométrie ? M. Paulhan cite comme type intellectuel Bordas-Demoulin, qui, ayant donné le peu qu'il avait, dénué de tout, mourant de faim, dépensait dans un cabinet de lecture les quelques sous qui lui restaient ; après avoir passé sa vie à faire de la métaphysique dans une mansarde de Paris, il mourut sans avoir trouvé le temps d'aimer. Ce n'était pas pour cela un apathique, mais un passionné exclusif pour les choses de l'esprit. De même Leibniz, qui ne dormait souvent qu'assis sur une chaise, étudiait de suite des mois entiers et pouvait rester tout ce temps-là, dit Fontenelle, « sans quitter le siège. »

Ce qui est vrai, c'est que le grand développement de l'intelligence peut, à la longue, ou émousser ou calmer la sensibilité. Il est clair qu'un Spinosa, par exemple, après que de longues méditations l'ont convaincu du déterminisme des actions humaines, de la nécessité interne qui fait, selon lui, que les uns sont vertueux et les autres vicieux, ne pourra plus éprouver des transports d'indignation ou de colère à la vue du mal. Ce mouvement passionné sera bientôt réprimé par cette réflexion : il est aussi déraisonnable de haïr un homme parce qu'il vous fait du mal que de haïr le feu parce qu'il vous brûle. La sérénité de Spinoza était-elle une sorte d'apathie native, ou acquise ? Là est la question. Ce qui est sûr, c'est que l'élargissement de l'horizon intellectuel produit à la fin sur les passions le même effet calmant que le prolongement de l'expérience chez celui qui a beaucoup vécu. Qui ignore l'influence de la vie sur le caractère ? S'il en est qu'elle trouble et qu'elle abaisse, il en est qu'elle élève et auxquels elle donne la sérénité des choses éternelles :

Orages, passions, taisez-vous dans mon âme !

Jamais si près de Dieu mon cœur n'a pénétré.

Le couchant me regarde avec ses yeux de flamme,

La vaste mer me parle, et je me sens sacré.

Parmi les intellectuels, les uns sont plus aptes à sentir et à imaginer des objets concrets, d'autres à réfléchir et à raisonner sur des relations abstraites. On connaît l'enquête de M. Gallon, on 1880, sur les diverses formes que prend l'intelligence selon la puissance variable de l'imagination. Par imagination, entendez le pouvoir de se représenter les objets sous une forme sensible, de les voir, de les entendre, de les toucher alors même qu'ils sont absents. Chez le commun des hommes et surtout des femmes, toute pensée prend une forme concrète, sensorielle et imaginative. C'est le contraire chez les esprits plus portés aux abstractions scientifiques. Je trouvai, non sans étonnement, dit M. Galton, que la grande majorité des hommes de science, auxquels je m'adressai, prétendirent que « l'imagerie mentale » leur était inconnue. C'est seulement, disait l'un d'eux, par une figure de langage que je compare mon souvenir d'un fait à une scène, à une image mentale, visible pour l'œil de mon esprit, etc. En réalité, je ne vois rien. Les membres de l'Institut de France montrèrent, en général, la même absence de représentations imagées dans leur pensée.

Un métaphysicien distingué disait à M. Galton qu'il était très prompt à reconnaître un visage déjà vu autrefois, et que cependant il ne pouvait évoquer avec clarté l'image mentale d'aucun visage. Le pouvoir de reconnaître n'est donc pas identique au pouvoir de « visualiser », comme disent les Anglais. « La conclusion, ajoute M. Galton, c'est qu'une trop prompte perception de peintures mentales est en antagonisme avec l'acquisition de pensées hautement généralisées et abstraites, surtout lorsque les pas successifs du raisonnement sont marqués par les mots comme symboles ; et si la faculté de voir des tableaux intérieurs a été jamais possédée par des hommes de pensée forte, elle est très apte à se perdre par manque d'usage. Les esprits les plus élevés sont probablement ceux chez qui elle n'est pas perdue, mais subordonnée et prête pour les occasions

Alfred Fouillée

favorables. » Au reste, le pouvoir de représentation visuelle est remplacé et suppléé par d'autres modes de représentation, auditifs ou moteurs ; si bien que, selon M. Galton, des hommes qui déclaraient ne rien *voir* avec les yeux de l'esprit, peuvent cependant faire des descriptions bien vivantes de ce qu'ils ont vu. « Ils peuvent même devenir peintres du rang des peintres de l'Académie royale. » — « Je suis bon dessinateur, dit le philosophe W. James, et je prends un vif intérêt aux peintures, statues, etc. Mais je suis un très pauvre visuel, et je me trouve souvent incapable de reproduire devant les yeux de mon esprit des tableaux que j'ai examinés avec un soin extrême. »

Chez l'intellectuel abstrait, les idées s'associent uniquement selon leurs rapports mutuels et leurs affinités logiques ; chez la plupart des esprits, elles s'associent encore selon leur rapport à la sensibilité et à la volonté, selon leur affinité avec le caractère tout entier et aussi avec la disposition du moment. Dans les seules qualités intellectuelles de Bacon, dit Bain, il n'y avait rien qui pût faire de lui un misanthrope ; mais, étant donné l'état particulier de ses sentiments, son intelligence devait être retenue et absorbée par la misanthropie. M. Paulhan a remarqué que Darwin, qui cependant fut malade toute sa vie, tira une conception optimiste de ses théories sur la concurrence vitale et la sélection naturelle : cet univers où l'on s'entre-dévore lui paraissait organisé pour le mieux. C'est que l'optimisme et le pessimisme sont des croyances invérifiables sur l'ensemble des choses. Mais, plus les vérités sont abstraites et objectives, comme celles des mathématiques, moins elles diffèrent d'un esprit à l'autre. Les esprits, au moment où ils pensent la coïncidence des triangles égaux, coïncident eux-mêmes entre eux.

Goethe est un des rares exemples de la réunion d'une intelligence abstraite avec une puissante intelligence imaginative. Il avait beau être d'un tempérament trop placide et trop peu affectueux, le développement considérable de son imagination, joint à celui de sa pensée philosophique, en fit cependant un grand poète. C'est qu'on lui l'imagination se passionnait et la passion devenait imaginative. Durant sa vie entière, raconte-t-il, il fut porté « à transformer en figure, en poème, tout ce qui lui causait de la joie où du tourment, tout ce qui l'occupait à un autre titre. » A l'en croire, « la mission du poète est la représentation. » Cette représentation est parfaite lorsqu'elle rivalise avec la réalité. « La poésie, à son plus haut degré d'élévation, est tout extérieur. Lorsqu'elle se relire au dedans de l'âme, elle est envoie de déclin. » C'est faire un peu trop hon marché du cœur, qui ne fait pas seulement l'homme éloquent, mais encore le vrai poète. Si Goethe eût été d'une insensibilité aussi olympienne qu'on l'imagine, il n'eût pas écrit *Faust* ni *Wilhelm Meister*.

Un critique allemand, M. Scherer, persuadé que l'œuvre, c'est l'homme, a voulu retrouver dans le caractère de Goethe la synthèse harmonieuse de tous les grands types qu'il a dépeints : le « sensitif » et le rêveur exalté, tel que Werther, qui vibrent au souffle de toutes choses, n'écoutent que la voix de leur passion et finissent par rendre les autres comme eux victimes de leur propre cœur ; les « actifs », comme le comte d'Egmont, les magnanimes qui se vouent à quelque grande cause, à l'amitié, à la patrie, au genre humain ; les « négateurs » comme Méphistophélès, dont l'ironie raille tout idéal et, par là, oblige l'idéal à se transformer sans cesse ; enfin les sensitifs devenus actifs, comme Faust et Wilhelm Meister, passant de la science ou du rêve au doute et à la faute, des épreuves de la pensée et du sentiment à l'action, seule capable de raffermir la pensée et de purifier la volonté. Que Gœthe ait tout réuni en lui, parce qu'il a tout dépeint comme Shakspeare ou Balzac, c'est ce qui ne serait certain que si le caractère personnel du poète était adéquat à son imagination créatrice.

Dans certains cas, le développement considérable de l'intelligence peut paralyser la volonté. Cet effet s'explique par diverses causes. L'action de l'intelligence est tout intérieur, concentrée au cerveau : la vie peut donc finir par se retirer en quelque sorte dans la tête, sans éprouver le besoin de se répandre au dehors. De là les méditatifs et contemplatifs, qui ont leur univers en eux-mêmes, n'agissent qu'avec leur pensée, ne voyagent que d'idée en idée et vivent absorbés dans ce panorama intérieur. Ils dépensent trop d'énergie au dedans pour qu'il en reste à déverser au dehors. Une seconde raison fait que le développement de l'intelligence peut produire un effet d'arrêt et « d'inhibition » sur la volonté : c'est que l'intelligence aboutit à trop voir en toute chose le pour et le contre. Agir, se lancer, se risquer, c'est être possédé par une seule idée, et fermer les yeux au reste. Mais il est des intellectuels dont les yeux sont

Alfred Fouillée

grands ouverts à toutes choses. A force de voir des raisons d'agir, des raisons de ne pas agir, ils s'en tiennent à la vieille maxime : Abstiens-toi. Sous ses diverses formes, le doute objectif comme le doute sur soi peut paralyser tout mouvement et toute activité. Au contraire, la certitude est une des plus grandes forces, et la foi, cette certitude fondée sur des raisons de sentiment, « transporte les montagnes ». Mais le doute paralysant n'est pas un signe de vraie et définitive supériorité intellectuelle. Si un peu de science éloigne de l'action, beaucoup de science y ramène. Une intelligence supérieure deviendra, il est vrai, indifférente à une foule de petites questions qui passionnent les esprits vulgaires, mais ce sera pour reporter sa passion sur des objets plus dignes. Un grand esprit ne saurait aboutir à voir toutes les idées et toutes les actions sur le même plan : il en saisit nécessairement la valeur relative et la hiérarchie. Il finira donc toujours par voir ce qu'il importe de faire. Les intellectuels ne sont indécis que quand ils ne sont pas encore assez intelligents et que les problèmes pratiques demeurent pour eux sans solution déterminée. En fait, tout problème a une solution ; si vous ne la voyez point, ce n'est pas par excès, mais par manque de science. Là où votre intelligence hésite et s'arrête, une intelligence plus puissante passera outre et prendra parti. Les esprits dilettantes, si tiers de leur supériorité prétendue, sont en réalité des esprits à courte vue et sans pénétration, ils croient avoir beaucoup d'idées parce qu'ils ont des idées superficielles sur un grand nombre d'objets, dont pas un seul n'a été approfondi. Ils sont riches en idées pauvres.

L'analyse, une des opérations fondamentales de l'intelligence, peut, elle aussi, avoir une action dissolvante et paralysante. Stuart Mill l'avait remarqué sur lui-même. Et aussi Maine de Biran. Ce dernier, si habitué à s'analyser, en vint même un jour à se demander « si la coutume de s'occuper *spéculativement* de ce qui se passe en soi-même, en mal comme en bien, ne serait pas *immorale* », tandis que l'examen de conscience pratique serait au contraire moral. Il compare la scène changeante du théâtre intérieur à celle de l'histoire : le spectacle est si attachant qu'on oublie de juger et qu'on serait bien fâché d'y rien changer. C'est ce que plus tard Renan mettra à la mode. Une curiosité toujours en éveil tourne à l'indulgence du scepticisme, qui finit par tout comprendre et tout absoudre : « L'instruction *spéculative* tirée du vice même, conclut Biran, familiarise avec sa laideur. Il ne faut pas croire que tout soit dit, quand l'amour-propre est satisfait d'une observation fine ou d'une découverte profonde dans son intérieur. » La dissection du moi est devenue, de nos jours, le passe-temps malsain des impuissants. Trop de retour sur soi peut produire la stérilité : il n'y a de féconds que ceux qui s'oublient eux-mêmes pour se donner à autrui.

L'impuissance de l'intelligence à mouvoir la volonté n'a pas toujours des raisons purement intellectuelles, tirées de l'opposition et de la lutte des idées ; elle peut provenir aussi d'un défaut natif, soit de la sensibilité, soit de l'énergie volontaire. Les plus hautes idées, si le cœur est froid par nature, perdent leur efficace et demeurent des formules sans fécondité. Que servait à un Fontenelle de pouvoir s'élever à de grandes conceptions du monde et de l'humanité ? il était incapable d'aimer ce qu'il concevait. Parfois aussi, c'est l'énergie nécessaire à la réalisation qui manque : on voit le mieux, mais on n'a pas le courage de soutenir l'effort nécessaire pour lui faire prendre vie. On tombe, comme dit Pascal, en regardant le ciel.

Section IV

La volonté, considérée en elle-même et indépendamment de l'intelligence, peut être énergique, prompte et durable. Mais ces qualités ne sont encore que des effets de la constitution et du tempérament, du bon état des nerfs et des muscles, ainsi que du bon état de la nutrition. Ce qui importe au caractère proprement dit, c'est la direction de la volonté, et ce qui détermine cette direction, ce sont les sentiments. Chez un être intelligent comme l'homme, qui n'agit plus par simple réponse immédiate et réflexe à des sensations brutes, tout sentiment enveloppe quelque idée : il est toujours un état de l'intelligence en même temps que de la sensibilité. Réciproquement, toute idée enveloppe du sentiment à quelque degré, et elle est d'autant plus portée à sa propre réalisation qu'elle en enveloppe davantage. Une idée pure, n'entraînera jamais un acte et, comme disait Malebranche, ne soulèvera pas un fétu. Mais, d'autre part, le sentiment peut-il exister sans l'idée ? Aurez-

Alfred Fouillée

vous le patriotisme si vous n'avez pas l'idée de patrie ? l'amour de l'honneur ou du devoir, si vous n'avez l'idée ni de l'honneur ni du devoir ? Autant de pensées, autant de sentiments possibles et même, pour la plupart, actuels. Dans une forteresse, plus il y a de meurtrières, plus on peut tirer de coups dans les diverses directions. Si on n'a point d'ouvertures sur le dehors, on ne peut apercevoir ni l'adversaire ni l'auxiliaire. Un cerveau sans idées est un cerveau sans fenêtres et sans défenses ; toute idée nouvelle est une nouvelle ouverture pour l'action comme pour la pensée. On ne peut donc, en caractérisant la volonté, négliger ni ses moyens d'action sur le dehors, ni ses moyens de recevoir l'influence du dehors, c'est-à-dire la valeur et l'étendue de l'intelligence.

Toutes nos idées, grâce à ces sentiments qu'elles enveloppent, aspirent à prendre vie ; mais, quand c'est seulement quelque idée-force isolée qui nous pousse à agir par une sorte de fascination ou de suggestion interne, nous n'avons pas encore la volonté digne de ce nom ; c'est plutôt un entraînement qu'une réaction du moi. Au contraire, quand c'est l'idée même de notre moi et de sa puissance qui se subordonne toutes les autres et leur imprime une unité, quand c'est l'idée de notre liberté qui tend à se réaliser ainsi elle-même, nous disons qu'il y a volonté réfléchie et vraiment personnelle. De plus, outre l'idée de notre puissance, nous avons alors celle de l'objet auquel elle s'applique : c'est cette sorte de système astronomique d'idées et d'impulsions corrélatives, gravitant autour d'un centre, qui constitue la volonté vraie, la volonté intelligente.

La volonté a deux fonctions, l'une d'impulsion, l'autre d'arrêt, qui se retrouvent chez les divers individus dans des proportions inégales et qui dépendent encore en grande partie du développement de l'intelligence. L'action « inhibitoire », si essentielle à toute volonté maîtresse de soi, n'est le plus souvent que le résultat d'idées multiples, accompagnées de sentiments multiples, qui produisent des impulsions en sens opposés, par cela même des arrêts. C'est quelque chose d'analogue à l'interférence des rayons lumineux, se neutralisant pour aboutir à l'obscurité. Ceux qui possèdent, soit par nature, soit grâce à l'instruction et à l'éducation, un système cérébral complexe et riche, ont ce pouvoir d'arrêt : ils sont, comme Descartes et Spinoza, aptes à la réflexion, à la suspension du jugement. Ils n'agissent qu'après avoir hésité entre

Section IV

plusieurs motifs, que la complexité de leur organisation cérébrale fait apparaître devant leur conscience. Ce n'est pas tout. Cette facilité à concevoir plusieurs voies possibles d'action, résultant de ce qu'en effet le cerveau offre un grand nombre de voies différentes à l'onde moléculaire, subsiste après que le jugement a été formé et la résolution accomplie : de là un pouvoir persistant de corriger ses jugements et de rectifier ses manières d'agir.

Au contraire, un cerveau simple, comme le sont nécessairement ceux qui n'ont point été développés par l'expérience ou par la science, réalisera le type de la volonté *explosive*. Il sera tout ensemble irréfléchi avant de juger ou d'agir, et obstiné à garder ensuite, malgré les meilleures raisons, ses opinions ou lignes de conduite. On a souvent opposé le sauvage impulsif, précipité dans ses inductions et entêté dans ses actions, à l'homme civilisé, retenu, qui s'arrête avant de conclure et peut toujours rectifier ses jugements par des réflexions nouvelles. Et pourquoi l'esprit simpliste adopte-t-il si vite des croyances et des lignes de conduite ? C'est que, dans ce cerveau neuf et vierge, aucune voie n'est encore tracée ; rien ne résiste donc à l'impression qui arrive et s'ouvre une voie. Pourquoi encore un esprit simpliste abandonne-t-il si difficilement les croyances une fois adoptées ? C'est que, peu riche d'idées, il n'a rien ou presque rien qu'il puisse opposer à ces croyances. Il sera donc routinier ; il raisonnera toujours sur des cas particuliers ; il concevra peu de vérités générales, il aura peine à détacher les abstractions des cas concrets. On a souvent aussi opposé, sous ce rapport, l'enfant à l'homme, et même la masse des femmes, encore peu éclairée, à la masse des hommes, qui l'est davantage. Si les femmes sont, en général, plus promptes à tirer des conclusions et plus obstinées à garder leurs croyances, c'est que de longs siècles d'une culture inférieure ont laissé, en moyenne et dans l'ensemble, le cerveau féminin à un degré inférieur de complexité et de plasticité. Même contraste entre l'élite des hommes instruits et la foule ignorante, qui généralise précipitamment, puis s'obstine dans les conclusions tirées d'expériences incomplètes.

La constance dans le vouloir, quand elle est fondée sur des raisons, n'est plus entêtement, mais fermeté. C'est que, dans ce cas, la décision est la résultante non plus d'une passion ou idée isolée, mais de la synthèse des sentiments qui sont en rapport plus ou

Alfred Fouillée

moins éloigné avec la décision à prendre. Dès lors, celle-ci ne peut plus trouver d'obstacle intérieur ; son effet se poursuit donc tant que l'expérience ou le raisonnement n'est pas venu apporter dans la question des éléments nouveaux.

On voit que, le degré de complexité cérébrale et le degré d'intelligence étant proportionnels, l'intelligence joue un rôle capital dans l'activité volontaire : ici encore, elle ne peut être reléguée parmi les facteurs de second ordre. Notre volonté et, par là même, notre caractère tient surtout aux rapports réciproques de nos inclinations, qui font que les unes sont plus intenses ou plus durables, les autres moins, et, en conséquence, que le système des forces intérieures aboutit à telle résultante générale ; or, l'intelligence modifie nos inclinations, leurs rapports, leur intensité et leur durée relatives : elle contribue ainsi, pour une large part, à l'évolution du caractère.

Ce qui fait ici illusion, c'est qu'on raisonne des inclinations de l'homme d'après celles des animaux, qui sont toutes innées, relativement in variables, et qui enfin demeurent aveugles en grande partie. la vie de l'animal apparaît ainsi comme un simple développement des instincts natifs, par conséquent du caractère congénital, et on croit qu'une fatalité analogue règle le caractère humain. Mais d'abord, même chez l'animal, l'instinct n'a ni l'invariabilité ni l'infaillibilité qu'on imagine. Nous n'en sommes plus à ce qu'on a justement appelé la conception mystique de l'instinct, celle de Fénelon par exemple, dans son traité de l'*Existence de Dieu*. Depuis Darwin, on s'est mis à étudier de plus près et dans les menus détails ces fameux instincts implantés chez les animaux dès les premiers âges par le créateur même. Or, plus on poursuit ces études, plus on voit les instincts varier, se former et se déformer, se tromper et se redresser par l'expérience, se plier aux circonstances et au milieu, etc. L'instinct n'est aveugle qu'au début, lorsque ses résultats échappent encore aux animaux qu'il fait agir. Ainsi, l'insecte qui pond ses œufs en un endroit où il ne les verra jamais éclore est condamné, dit M. William James, à agir toujours aveuglément de génération en génération ; mais la poule qui a déjà élevé une couvée ne doit pas, la seconde fois, se mettre sur son nid avec la même ignorance ! : l'idée des poussins se joint à la vue des œufs pour déterminer l'acte. Les fermiers de l'Adirondack ont raconté à M. W. James que, si une vache vêle dans les bois et que l'on incite quelque temps à la trouver, le veau devient aussi sauvage qu'un daim ; au contraire, des veaux nés à l'étable ne montrent aucune sauvagerie à l'égard des gens qu'ils ont aperçus dès les premiers jours de leur existence. On voit qu'ici l'hérédité n'impose rien de certain et que tout dépend des impressions premières, qui développent ou l'instinct de sauvagerie ou l'instinct de sociabilité. Ces impressions ont souvent une influence décisive. Après avoir fait son nid sur une branche, l'oiseau retourne à cette même branche, la crevette revient au même creux de rocher ; le bœuf revient au même pâturage. L'aire de l'instinct est rétrécit par la première impression et se change ainsi en habitude. Souvent aussi des instincts héréditaires s'atténuent et s'effacent faute d'excitants appropriés qui les mettent en œuvre. D'autres, au contraire, qui auraient sommeillé, s'éveillent par le fait d'une occasion qui les excite. C'est une des raisons qui condamnent l'indulgence des gouvernements pour toutes les excitations à la débauche et au crime, par quelque voie qu'elles se produisent.

On croit l'homme presque entièrement dépourvu d'instincts. Avec M. W. James, nous pensons qu'il a, au contraire, des instincts beaucoup plus nombreux et plus variés qu'aucun autre animal ; il a même, à vrai dire, tous les instincts, bons et mauvais. Et par instincts nous entendons des impulsions d'abord aveugles et irrésistibles, suscitées par les excitants appropriés. M. W. James a dressé une longue liste des inclinations naturelles à l'homme : depuis les actes réflexes les plus simples, sucer, mordre un objet placé dans la bouche, crier, secouer la tête en guise de négation, etc., jusqu'aux impulsions plus compliquées, imitation, émulation, combativité, résistance, contradiction, ressentiment, antipathie, sympathie, crainte instinctive, instinct d'acquisition et d'appropriation, jeu, sociabilité, honte, pudeur, amours de toute sorte, etc. C'est précisément l'extrême complexité des instincts humains qui les fait méconnaître, parce que l'un apporte obstacle à l'autre. Un cerveau compliqué, se trouvant excité à réagir dans une multitude de directions à la fois, ne répond plus aux excitations, comme l'animal, par des réactions simples, uniformes, faciles à prévoir. De plus, l'homme a la mémoire, la réflexion et le raisonnement. La mémoire fait qu'il se souvient et de l'acte passé

Alfred Fouillée

et de ses conséquences ; la réflexion fait qu'il se voit agir dans le présent ; le raisonnement lui fait prévoir les conséquences de son acte. Si ces conséquences lui plaisent en vertu de telle tendance, elles lui déplaisent en vertu des tendances opposées, dont ; elles empêchent la satisfaction. L'idée des conséquences éveillera donc toujours chez lui des images de plaisirs et de déplaisirs, qui elles-mêmes éveilleront des impulsions corrélatives. A mesure que le nombre des idées s'accroît, le nombre ? des impulsions s'accroît aussi et, en outre, chacune d'elles devient moins aveugle, moins irrésistible, moins voisine de cet état des hypnotisés qu'on appelle le monoïdéisme et qui les met sous la suggestion fatale d'une idée exclusive. Mais, aussi, tout dépendra du groupe d'idées qu'on aura fait prédominer et dont chacune sera une porte ouverte à un des innombrables instincts latents dans l'âme humaine. L'idée définit, détermine ce qui, sans elle, serait resté obscur et inactif. Il suffit parfois d'une phrase lue, d'un mot prononcé, pour faire monter à la lumière telle impulsion dangereuse qui dormait dans l'ombre. Toute idée est une suggestion, par cela même qu'elle est une définition.

Ceux en qui la puissance de vouloir domine doivent se subdiviser en trois espèces : 1° volontaires ayant peu de sensibilité et peu d'intelligence : les obstinés, les têtus ; 2° volontaires ayant beaucoup de sensibilité et peu d'intelligence : les emportés, les violents ; 3° volontaires ayant beaucoup d'intelligence et peu île sensibilité : les calculateurs froids et énergiques que rien n'arrête dans l'exécution de leur plan, les Turenne et les de Moltke. Mais c'est surtout d'après les fins poursuivies, conséquemment d'après les objets intellectuels, que les volontés doivent être classées. L'intelligence, en effet, est essentiellement polarisée, et ses deux pôles sont *moi, autrui* ; or cette polarisation se retrouve nécessairement dans la volonté. Mais elle n'aboutit pas, chez tous, à un même équilibre, à une même aimantation de la boussole intérieure. Il y a des volontés orientées surtout dans le sens du moi, d'autres dans le sens du non-moi. Ici encore reparaît l'empire de l'intelligence. Par cela même qu'un être est doué de cette faculté, il sort, toujours plus ou moins de son moi, tout au moins en pensée, pour concevoir d'autres êtres et, qui plus est, l'ensemble de tous les êtres. L'impersonnalité ou, comme disent les philosophes, l'objectivité est la caractéristique même

Section IV

de l'intelligence. Dès que nous pensons, nous sommes ouverts au dehors, nous ne sommes plus une monade sans fenêtres : la société et l'univers entrent en nous de toutes parts. Or, à ces idées plus ou moins impersonnelles sont nécessairement attachés des sentiments, à ces sentiments sont attachées des impulsions qui, dans une certaine mesure, nous en lèvent à nous-mêmes. Un être inintelligent ne pourrait être vraiment désintéressé.

De là la grande division, à la fois psychologique et morale, des volontés égoïstes et des volontés « altruistes ». Au reste, ce n'est qu'une question de mesure : de purs égoïstes, comme de purs altruistes, il n'en saurait exister. Un caractère vaut par le degré d'universalité qu'il enveloppe. Napoléon disait un jour à Rœderer : « Moi, je n'ai pas d'ambition, » puis se reprenant, et avec sa lucidité ordinaire : « Ou, si j'en ai, elle m'est si bien naturelle, elle m'est tellement innée, elle est si bien attachée à mon existence qu'elle est comme le sang qui coule dans mes veines, comme l'air que je respire.[1] » Ce que Napoléon disait de son ambition, il faudrait que nos âmes, éprises de la vérité et du bien, pussent encore mieux le dire de leur amour désintéressé. Le plus haut développement de la nature humaine est celui où le cœur, s'ouvrant avec la pensée, s'égale à l'infini.

L'intelligence ne met pas seulement la volonté en relation avec le monde des idées, mais encore avec le monde des hommes. Il en résulte un ensemble d'actions et de réactions sociales qui, par l'intermédiaire des pensées, s'étendent aux volontés mêmes. Les grands modificateurs de notre caractère, ce sont les caractères des autres. L'influence du milieu social est plus forte encore que celle du milieu matériel : il y a un air ambiant que l'homme respire parmi ses semblables et en dehors duquel il ne peut pas plus vivre qu'en dehors de l'atmosphère. La société étant un organisme dont nous sommes les membres, si le grand corps est plus ou moins vicié ou, au contraire, plus ou moins sain, nous sommes comme les cellules nourries par un sang plus ou moins riche, qui prospèrent ou déclinent avec le corps entier. Il y a cependant, entre la cellule soumise au réflexe et l'homme capable de réflexion, cette capitale différence que la cellule ne peut réagir avec conscience contre les influences délétères, tandis que la volonté intelligente juge autrui,

1 M. Paulhan, *les Caractères*, p. 152.

Alfred Fouillée

se juge elle-même, et agit en conséquence de ses jugements.

Dans son intéressante étude sur le caractère de Darwin,[1] M. Paulhan a essayé de montrer sur le vif comment se développent ou s'atrophient certaines parties du caractère par l'effet du milieu social, du milieu matériel, de la santé, de l'âge, etc. Il y a là, en effet, un ensemble d' « associations systématiques » et d'« inhibitions systématiques » qui aboutit à fixer enfin chez l'individu tel type d'esprit, non tel autre. Darwin n'est d'abord qu'un écolier ordinaire, qui apprend beaucoup plus lentement que sa sœur. Il manifeste seulement un goût inné des collections, coquilles, timbres poste, médailles, minéraux : il range tout par ordre. Son imagination, qui était grande, le porte à inventer des mensonges de propos délibéré et toujours pour le plaisir de faire sensation : il se vante à un de ses camarades de produire des primevères de teintes diverses en les arrosant avec des liquides colorés. « Fable monstrueuse, dit-il : je n'avais jamais expérimenté la chose ! » Plus tard, cependant, la pensée scientifique ayant maîtrisé l'imagination, il deviendra tellement sincère et scrupuleux qu'il passera vingt-deux ans de sa vie à développer, à critiquer, à rédiger l'*Origine des espèces*. Son imagination n'en subsistera pas moins, mais, au lieu d'inventer des fables, il inventera des expériences ou des doctrines. Au collège, il apprend difficilement les langues, ne peut arriver à faire des vers latins, s'éprend pourtant d'Horace, éprouve une satisfaction intense aux démonstrations d'Euclide. Amoureux des promenades solitaires, si propices aux réflexions profondes, il se laisse un jour tomber d'une hauteur de sept à huit pieds de long d'un chemin sans parapets. Il continue de collectionner les minéraux, mais sans but scientifique. A dix ans, il s'intéresse beaucoup aux insectes et se décide presque à former une collection de ceux qu'il trouvait morts, car, dit-il, « après avoir consulté ma sœur, j'arrivai à la conclusion qu'il n'était pas bien de tuer des insectes pour l'amour d'une collection. » Il commence des études de médecine : l'anatomie le dégoûte, deux opérations auxquelles il assiste l'impressionnent au point de le faire renoncer à suivre le service de l'hôpital. Les cours de géologie et de zoologie lui paraissent si « incroyablement ennuyeux » qu'il jure de ne jamais lire un livre de géologie. Beau serment, qu'il devait si peu tenir ! Son père lui propose d'entrer

1 *L'Activité mentale et les éléments de l'esprit.* Alcan, 1887.

dans l'Eglise. Une demande pas mieux, et le voilà qui étudie trois années à Cambridge, mais sans enthousiasme. Ses amis de collège le trouvaient affectueux, généreux, compatissant, ayant la haine de tout ce qui est faux, vil, cruel. Enfin on lui propose un grand voyage à bord du *Beagle* en société de naturalistes non rémunérés : ce voyage décide de sa vocation. Au retour, il se retire à la campagne. Sa santé déplorable l'y obligeait presque : « Pendant quarante ans, dit-il, je n'eus jamais un jour de bonne santé, comme les autres hommes. » La science occupe désormais sa vie entière. Ses seules grandes distractions sont la musique et les romans. « Je les aime tous, dit-il, même s'ils ne sont bons qu'à demi et surtout s'ils finissent bien ; une loi devrait les empêcher de mal finir. »

On peut conclure avec M. Paulhan que le milieu social, l'éducation, le développement progressif de l'intelligence, les circonstances même de la vie ont joué un rôle capital chez Darwin, malgré la force native de ses aptitudes individuelles. Mais il convient d'ajouter que ce qui eut une influence décisive, ce fut, comme Darwin l'avoue lui-même, l'énergie et la persévérance de sa volonté.

Section V

En résumé, l'idée que nous voudrions voir s'introduire dans la science des caractères, c'est celle de l'évolution. Notre caractère est toujours en train de se changer partiellement ; la conscience même que nous prenons de notre naturel peut y introduire du changement en mieux ou en pire, selon que nous nous apparaissons plus ou moins laids à nos propres yeux. Le visage moral n'est pas fixé comme le visage physique, que modifie seule la lente accumulation des années. L'idée du mieux est pour nous le moyen de réaliser le mieux. En tant que modifiables, nous sommes libres, au sens rationnel du mot, qui n'implique aucun indéterminisme, mais un déterminisme indéfiniment souple et progressif. Notre caractère présent ne nous épuise pas tout entiers, pas plus que notre volition présente et notre action présente. Nous sommes, en quelque sorte, un « devenir » qui se change lui-même sans cesse par l'idée qu'il a et de soi, et de son point de départ, et de son but. L'homme n'est pas fait d'avance, il se fait : c'est le propre de sa nature que de pouvoir

Alfred Fouillée

toujours ajouter à sa nature.

C'est ce qui explique, quoi qu'en disent les fanatiques de l'hérédité, la puissance de l'éducation. Non qu'elle puisse changer le tempérament physique ou même psychique, mais elle peut en tirer, s'il est d'ailleurs normal, tout le bien qu'il est capable de fournir selon sa nature. La goutte d'eau a beau agir faiblement et superficiellement, elle use l'obstacle. L'action de l'intelligence est toujours répétée ; quand elle n'a pas du premier coup l'intensité, elle y supplée par la durée. Les particularités du tempérament et de la constitution ne servent que de matière à la réaction « informatrice » de l'intelligence, qui finit par tout orienter en vue de certaines fins. Et comme la plupart de ces fins, au lieu d'être indifférentes, ont une valeur morale, le caractère apparaît, à ce point de vue supérieur, comme un ordre de finalité, ou, selon le mot d'Emerson, « un ordre moral », introduit dans la nature d'un individu par la réaction de sa volonté intelligente.

La morale n'exige pas que chaque personne soit semblable à toute autre et agisse précisément de la même manière ; elle demande que chacun cultive son caractère propre et l'améliore dans la mesure de ses capacités. Il y a en nous un thème donné, qui est notre constitution physique et mentale ; mais que de variations sur ce thème, les unes harmonieuses, les autres discordantes ! Et nous pouvons modifier le thème lui-même, bien plus, l'instrument. Le violon d'un grand maître acquiert du prix entre ses mains et se façonne à son image : à nous, de faire vibrer notre nature selon les plus hautes harmonies et de la rendre elle-même harmonieuse.

La théorie de Schopenhauer et de ceux qui l'ont suivi n'irait à rien moins qu'à déclarer l'inutilité de la morale, excepté pour les gens médiocres ; ceux qui sont fortement trempés n'en auraient pas besoin : elle ne serait bonne que pour les « amorphes » et les « instables ». Nous pensons, au contraire, qu'elle est nécessaire pour tous et qu'une intelligence des choses morales et sociales très développée, en permettant l'évolution continue du caractère, permet un progrès croissant de la moralité même.

Les partisans de Schopenhauer, niant l'influence des idées sur le monde, rappellent que bien des hommes mettent en désaccord leur activité et leur intelligence. « On pense d'une manière et on

Section V

agit d'une autre ; on écrit de beaux traités de morale que l'on ne pratique pas. » Certes, ces choses-là se sont vues ; mais, de ce que l'intelligence n'est pas à elle seule omnipotente, de ce que la passion peut contre-balancer son action, il n'en résulte nullement que ces deux « facteurs », caractère et intelligence, soient « en désaccord ». Une intelligence qui ne trouve pas dans le sentiment et dans la volonté une aide suffisante pour se traduire en action, c'est précisément là une des formes possibles du caractère. Le docteur Le Bon, que Platon eût pu ranger parmi ceux qu'il appelait les « misologues », ne tarit pas quand il s'agit de rabaisser l'intelligence, cette prétendue maîtresse de la vie. Il faut l'entendre commenter l'exemple fameux du chevalier Bacon, ambitieux, égoïste, cupide et lâche, applaudissant dans un écrit public à la décapitation de son bienfaiteur, afin d'obtenir le poste de chancelier ; puis condamné pour concussion et essayant d'attendrir ses juges par l'humble aveu de sa culpabilité. Et d'Alembert, plein de bienfaisance, celui-là, de bonté et de désintéressement, mais se faisant l'esclave de Mlle de Lespinasse, allant chercher pour elle à la poste les lettres des amans qu'elle lui donnait ouvertement pour rivaux ! — Tout cela peut être vrai, mais qui soutint jamais ou que la connaissance approfondie des règles logiques de l'expérimentation, de l'induction, de rémunération, rend vertueux, ou que la plus subtile géométrie peut empêcher un savant de tomber amoureux d'une coquette ? Bien plus rares sont les vrais moralistes qui n'ont point conformé leur vie à leurs principes. L'exemple de Sénèque, un prédicateur sans vraie originalité, n'est guère probant ; les grands innovateurs en morale, eux, ont vécu leurs idées. Pour ne point parler des fondateurs de religion, Socrate n'a-t-il pas conformé sa vie comme sa mort à ses principes, et cela, selon son propre témoignage, malgré certains penchants de son tempérament ? N'avoue-t-il pas qu'il était porté à l'excès vers les passions de l'amour, lui qui vécut chaste ? Ne reconnaissait-il pas que le physionomiste Zopyre avait raison de lui attribuer bien des inclinations grossières, qu'il avait réprimées par sa volonté ? Et Kant, dont nous parlions tout à l'heure, n'a-t-il pas réalisé dans sa vie entière l'impératif catégorique ? « Je dormais, dit-il, et je rêvais que la vie est beauté : je me réveillai et je vis qu'elle est devoir. » Comment s'est-il réveillé, sinon par l'action de l'idée ? Les exemples abondent de l'empire souverain exercé par

Alfred Fouillée

les convictions morales et religieuses. Un Augustin, entraîné lui aussi par son tempérament vers tous les plaisirs, n'en devient pas moins, sous l'influence de l'idéal conçu et aimé, un des types de la sainteté.

On croit rabaisser l'action de l'idée en n'y voyant qu'un éclairage, lueur ou lumière. Mais éclairer, c'est rendre possible un mouvement dans telle direction et non dans telle autre ; voir, c'est savoir ; savoir, c'est pouvoir ; pouvoir, c'est le commencement de faire. Dans la nuit, on va où il y a une lumière ; si j'en fais briller une de loin aux yeux du voyageur égaré dans la montagne, je puis ou le sauver en l'appelant vers la vraie route, où le perdre en l'attirant vers le précipice. L'idéal, dit-on, n'est qu'un rayon qui illumine ; non, c'est un rayon qui attire, comme celui qui faisait monter Dante vers Béatrice.

D'où vient donc le désaccord qui subsiste parfois entre l'idée morale et l'acte ? Il vient le plus souvent de ce que l'idée n'est pas complète ni absolument démonstrative. Vous ne verrez jamais un géomètre enseigner que deux et deux font quatre et régler ses actes comme s'ils faisaient cinq ; vous ne verrez jamais un physicien enseigner que les corps sont pesants et se jeter par la fenêtre avec l'espoir de ne pas tomber. C'est qu'ici les idées sont des certitudes. Si un moraliste, au contraire, n'est pas nécessairement moral, c'est que son intelligence, si développée qu'elle soit, ne peut jamais saisir avec certitude l'harmonie du bien universel avec son bien personnel : il peut donc se laisser entraîner à choisir le second. « L'espérance éteinte étouffe le désir, dit Rousseau, mais elle n'anéantit pas le devoir ; » par là il montre bien la vitalité d'une idée qui est la plus haute de toutes, et qui, une fois entrée dans l'esprit, n'en peut plus disparaître. Et cependant, pour son compte, il ne conforma guère sa vie à cette idée du devoir. C'est que, sans parler du tempérament maladif de Rousseau, l'étude de la morale aboutit à un doute suprême, que la science positive à elle seule ne peut lever. La science humaine se demandera toujours avec anxiété, comme faisait Ernest Renan, si l'idéal est en accord final avec le réel, si nous ne sommes point dupés par la suprême ironie de la nature, qui sacrifie l'individu aux fins de la société et de l'univers. C'est pourquoi la connaissance abstraite est insuffisante sans l'amour du bien idéal. Mais, d'autre part, comment aimer un idéal

Section V

que l'intelligence ne se serait pas d'abord efforcée de concevoir et de réaliser d'avance en elle-même ? Si donc le fond de notre caractère est surtout, comme nous l'avons montré, notre manière d'aimer, nous n'avons, en définitive, qu'un moyen d'élever toujours plus haut nos amours : c'est d'élever toujours plus haut nos pensées.

ISBN : 978-1544212579

Alfred Fouillée

" Nous avons un caractère inné et un caractère acquis. Le premier, qui tient à notre tempérament et à notre constitution, n'est guère que notre organisme vu par le dedans. Pourquoi tel homme est-il naturellement actif, l'autre indolent ? l'un irritable, l'autre inerte ? Pourquoi la pensée du pouvoir, qui enivre un Cromwell, laisse-t-elle froid un Newton ? La dernière raison de nos sentiments naturels est la conformation générale de notre corps, jointe à la constitution particulière de ses divers organes, surtout du cerveau. Mens agitat molem, a dit le poète ; on lui a répondu qu'il est encore plus vrai de dire : Mens agitatur mole..."

Alfred Fouillée (1838 – 1912) est un philosophe français. Il est l'auteur du célèbre adage en droit civil : « Qui dit contractuel, dit juste »

ISBN 9781544212579

90000 >

9 781544 212579